Male für jede Seite, die du bearbeitet hast,
einen Stern aus!

Viel Freude!

AF177590

4

6

7 8 9 10 11

12 13 14 15 16 17

18 19 20 21 22

23 24 25 26 27 28

29 30 31 32 33

34 35 36 37 38 39

40 41 42 43 44

45 46 47 48 49 50

Dieses Sternchenheft **gehört**:

_____   _____

Vorname   Nachname

_____   _____

Straße   Hausnummer

_____

Ort/Stadt   Ich **bin** ☐ Jahre alt.

_____

Datum

... und so **sehe** ich **aus**!

	ja	nein
Ich **habe** eine Mutter.	☐	☐
Ich **habe** einen Vater.	☐	☐
Ich **habe** eine Schwester/Schwestern.	☐	☐
Ich **habe** einen Bruder/Brüder.	☐	☐
Ich **habe** eine Oma.	☐	☐
Ich **habe** einen Opa.	☐	☐
Ich **habe** ein Haustier.	☐	☐
Ich **habe** ein eigenes Zimmer.	☐	☐
Ich **gehe** alleine zur Schule.	☐	☐
Ich **kann** Rad **fahren**.	☐	☐
Ich **kann schwimmen**.	☐	☐
Ich **kann** Rollschuh **fahren**.	☐	☐

☐ **Stelle** dich auf ein Bein und **zähle** bis zehn!

☐ **Falte** die Hände!

☐ **Zähle** alle Mädchen in deiner Klasse!

☐ **Zähle** alle Jungen in deiner Klasse!

☐ **Ziehe** leicht an deinen Ohren!

☐ **Wasche** dir die Hände!

☐ **Setze** dich verkehrt herum auf den Stuhl!

☐ **Radiere** auf dem Tisch!

	ja	nein

Bist du ein Junge? ☐ ☐

Bist du ein Mädchen? ☐ ☐

Bist du heute fröhlich? ☐ ☐

Hast du ein Fahrrad? ☐ ☐

Hast du ein Auto? ☐ ☐

Bist du sechs Jahre alt? ☐ ☐

Gehst du noch in den Kindergarten? ☐ ☐

Kannst du bis 100 **zählen**? ☐ ☐

Kannst du **lesen**? ☐ ☐

Kannst du die Uhr **lesen**? ☐ ☐

Kannst du schon **schwimmen**? ☐ ☐

In einer Vase **stehen** vier rote Blumen, eine gelbe Blume und zwei blaue Blumen.

Neben der Katze **steht** eine Schüssel mit Milch und eine Schüssel mit Futter.

In der Schultasche **ist** ein rotes Buch.

In der Schultasche **ist** ein grüner Anspitzer.

In der Schultasche **ist** ein gelber Bleistift.

In der Schultasche **ist** ein blaues Lineal.

In der Schultasche **ist** eine große Trinkflasche.

In der Schultasche **ist** eine bunte Frühstücksdose.

In der Schultasche **ist** dein Sternchenheft.

Wer **gehört** zusammen?

In einer Tierfamilie **gehören** Vater, Mutter und Kind zusammen.

| 1 | ● Hund | 2 | ● Pferd | 3 | ● Huhn | 4 | ● Schaf |

Schreibe nun die passende Zahl!

	● Stute		● Hahn
	● Rüde		● Fohlen
	● Küken		● Mutterschaf
	● Lamm		● Hündin
	● Schafbock		● Henne
	● Welpe		● Hengst

Male die Tiere **an**!

☐ Die Amsel **füttert** die Jungen.

☐ Im Frühling **baut** die Amsel ihr Nest.

☐ Die Amsel **brütet** die Eier aus.

☐ Die Amsel **legt** ihre Eier in das Nest.

Male die Bilder **an**!

Rätsel

Was **ist** das?

Es **ist** rund.

Es **kann hüpfen**.

Es **kann rollen**.

Es **kann fliegen**.

Es **kann springen**.

Oft **wird** es **getreten**.

Oft **wird** es **gefangen**.

Es **ist** ein _____ .

Auf dem Stuhl **liegt** ein Bonbon.

Der Regenschirm **hat** bunte Punkte.

In der grünen Tanne **ist** ein Nest.

Auf dem roten Sofa **schläft** eine Katze.

Im Topf **sind** Nudeln.

Der braune Igel **frisst** einen Wurm.

● Baum   ● Häuschen

● Lamm   ● Mäuslein

● Katze   ● Bäumchen

● Haus   ● Lämmlein

● Maus   ● Kätzchen

1	2	3

☐ Der Baum **ist** groß.

☐ Der Baum **ist** größer.

☐ Der Baum **ist** am größten.

1	2	3

☐ Der Frosch **ist** klein.

☐ Der Frosch **ist** kleiner.

☐ Der Frosch **ist** am kleinsten.

Die Woche **hat** sieben Tage:

- Montag
- Dienstag
- Mittwoch
- Donnerstag
- Freitag
- Samstag
- Sonntag

Am Samstag und Sonntag **ist** Wochenende.

Wie viele Tage **hat** die Woche? ☐

Was **ist** heute für ein Tag? _____

Male die Sonne und den Mond gelb **an**!

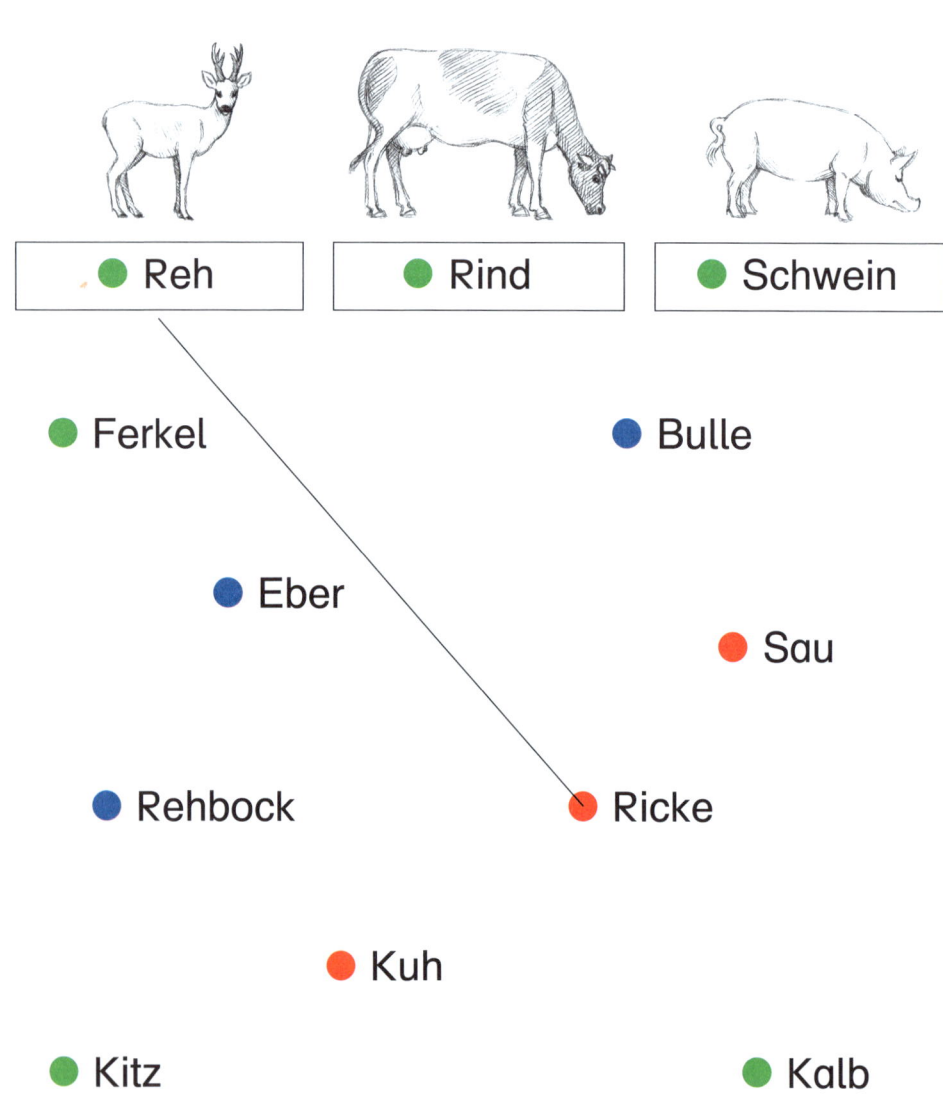

Reh   Rind   Schwein

Ferkel   Bulle

        Eber

                                    Sau

Rehbock   Ricke

            Kuh

Kitz   Kalb

Male die Tiere **an**!

Benutze zum Verbinden ein Lineal!

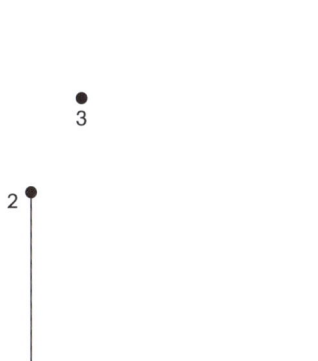

Male dazu!

☐ Die Kirche **hat** zwei Fenster und eine Tür.

☐ Die Kirche **ist** braun.

☐ Auf der Turmspitze **ist** ein Kreuz.

☐ Neben der Kirche **steht** ein Baum.

Zeichne weiter ohne Lineal!

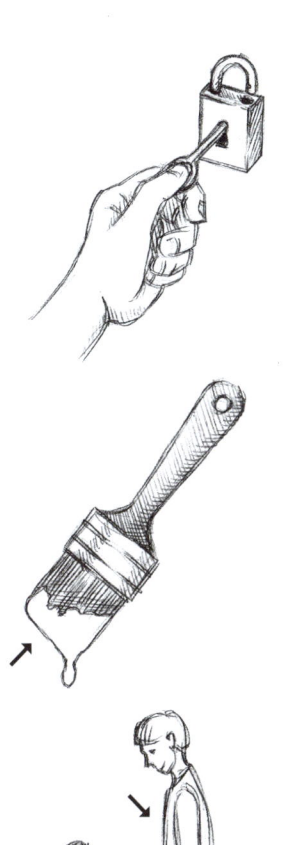

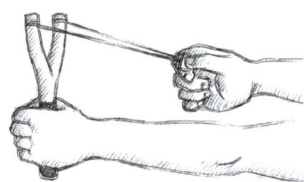

 heiß

schießen

beißen

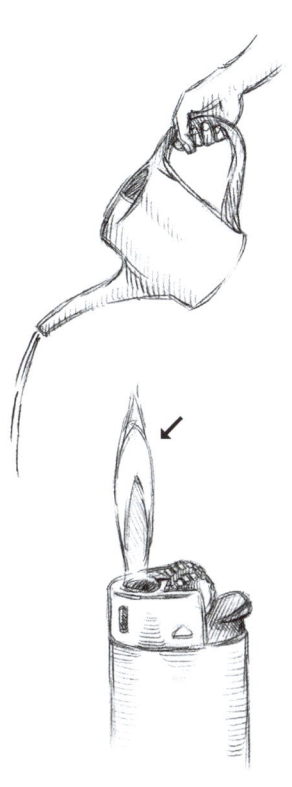

 groß

gießen

schließen

grüßen

 weiß

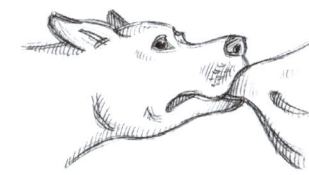

Auf dem Tablett **liegt** kostbarer Schmuck.
Eine Halskette mit Perlen, eine Armbanduhr,
zwei Ringe und ein roter, großer Edelstein.

Zwischen den beiden Ästen **hat** ein Kind ein
braunes Seil **gespannt**.
An dem Seil **hängen** acht Brezeln.

● Einkaufszettel

Luise **geht einkaufen**. Sie **möchte** heute sehr gesund **essen**. Deshalb **kauft** sie nur Obst **ein**.

Schreibe den Einkaufszettel für Luise!
Kreuze an, was sie heute **kaufen möchte**!

☐　　eine Möhre　　　　☐　　einen Apfel

☐　　eine Zitrone　　　☐　　eine Birne

☐　　eine Gurke　　　　☐　　eine Paprika

☐　　eine Banane　　　☐　　eine Tomate

Am nächsten Tag **geht** Luise wieder **einkaufen**.
Diesmal **möchte** sie nur <u>Gemüse</u> **kaufen**.

Schreibe den Einkaufszettel für Luise!
Kreuze an, was sie heute **kaufen möchte**!

☐	Gummibären	☐	Steinpilze
☐	ein Bund Möhren	☐	zehn Lollis
☐	einen Blumenkohl	☐	zwei Gurken
☐	Erdbeeren	☐	Salzstangen

Was **gehört** zum Winter?

	ja	nein
Schneemann	☐	☐
Blumen auf der Wiese	☐	☐
Silvester **feiern**	☐	☐
Bunte Blätter	☐	☐
Drachen **steigen lassen**	☐	☐
Schlittschuh **laufen**	☐	☐
Weihnachten **feiern**	☐	☐
Im Freibad **schwimmen**	☐	☐
Schlitten **fahren**	☐	☐
In kurzer Hose **laufen**	☐	☐

Ein Jahr **hat** 12 Monate.

Der Januar **ist** der   1.   Monat.

Der Februar **ist** der ____ Monat.

Der März **ist** der ____ Monat.

Der April **ist** der ____ Monat.

Der Mai **ist** der ____ Monat.

Der Juni **ist** der ____ Monat.

Der Juli **ist** der ____ Monat.

Der August **ist** der ____ Monat.

Der September **ist** der ____ Monat.

Der Oktober **ist** der   10.   Monat.

Der November **ist** der   11.   Monat.

Der Dezember **ist** der   12.   Monat.

Ein Jahr **hat** vier Jahreszeiten.

Kennst du das Lied?

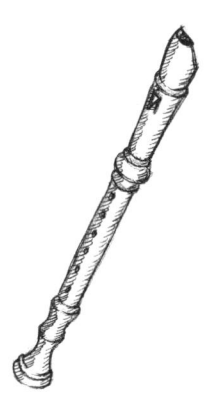

Es **war** eine Mutter,
die **hatte** vier Kinder,
den <u>Frühling</u>,
den <u>Sommer</u>,
den <u>Herbst</u> und
den <u>Winter</u>.
Der Frühling **bringt** Blumen,
der Sommer den Klee,
der Herbst, der **bringt** Trauben,
der Winter den Schnee.

Schreibe die vier Jahreszeiten **auf**!

_____

_____

_____

_____

Ist das gesund?

	ja	nein
o Bananen	☐	☐
o Kirschen	☐	☐
o Lollis	☐	☐
o Apfelsinen	☐	☐
● Pizza	☐	☐
● Salat	☐	☐
o Bonbons	☐	☐
● Kuchen	☐	☐
● Schokolade	☐	☐
● Gurke	☐	☐

Rate mal! **Schreibe** die passende Zahl!

| 1 | Du **kannst** sie **herausstrecken**. |

| 2 | Man **kann** damit etwas **durchschneiden**. |

| 3 | Damit **kann** man Feuer **machen**. |

| 4 | Im Sommer **schlecken** es viele Kinder. |

| 5 | Du **kannst** damit **winken**. |

| 6 | Du **brauchst** sie zum Kauen. |

☐ ● Zunge   ☐ ● Hand

☐ ○ Zähne   ☐ ● Schere

☐ ● Eis   ☐ ○ Streichhölzer

Papageien **sind** grün.

Elefanten **sind** grau.

Schweine **sind** rosa.

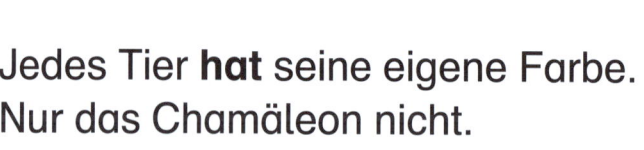

Jedes Tier **hat** seine eigene Farbe.
Nur das Chamäleon nicht.
Es **kann** seine Farbe **verändern**.
Auf einem Ast **ist** es zum Beispiel braun.

Reime!

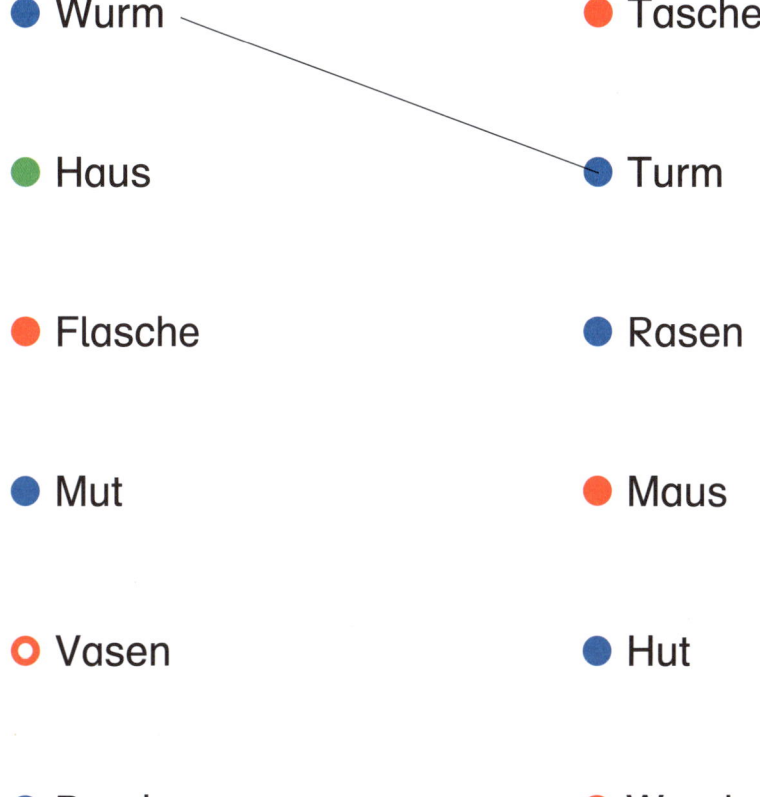

● Wurm   ● Tasche

● Haus   ● Turm

● Flasche   ● Rasen

● Mut   ● Maus

○ Vasen   ● Hut

● Rand   ● Wand

● Vogel

● Vater

● Veilchen

● Verkehr

● Verbotsschild

● Verband

● Vieh

● Vollmond

● Vier

● Versteck

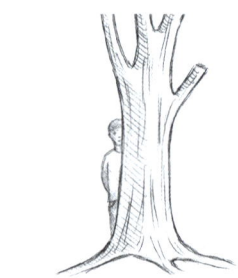

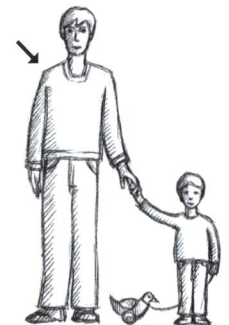

Finde die Mehrzahl!

Aus „au" **wird** „äu"

eine Maus   viele Träume

ein Haus   viele Zäune

eine Laus   viele Mäuse

ein Kraut   viele Säue

ein Traum   viele Häuser

ein Raum   viele Kräuter

ein Strauch   viele Läuse

ein Zaun   viele Sträucher

eine Sau   viele Räume

○ Augenbrauen

● Bauchnabel

● Daumen

○ Augen

● Schulter

● Hals

● Kniescheibe

● Wade

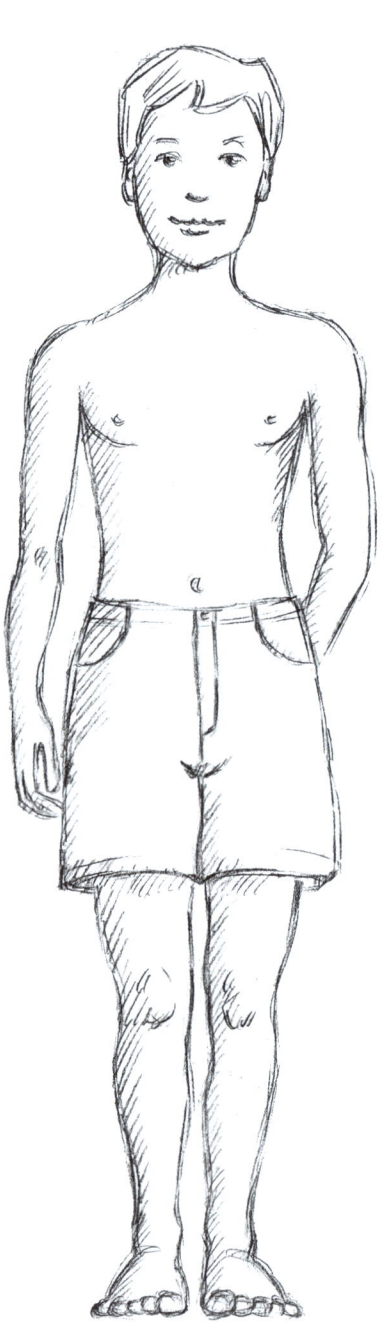

Körperteile/Begriffe zuordnen

● Vampir

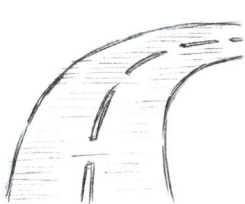

● Kurve

● Vase

● Pullover

● Violine

● Klavier

● Vulkan

● Lokomotive

Lasse und Luise **sind** im Garten. Sie **spielen**
Federball. Luise **trägt** eine rote Hose.
Lasse **hat** gelbe Gummistiefel **an**.
Plötzlich **kommt** eine Elster und **stiehlt** den
Federball. Sie **hält** ihn im Schnabel.

Luise und Lotte **gehen** heute in den Zirkus.
Sie **sehen** ein großes rot-weiß gestreiftes Zelt
auf einer Wiese mit vielen bunten Blumen.
Auf dem Schild vor ihnen **steht** Eingang.
Sie **freuen sich** schon auf die Vorstellung.

Das **ist** der Dinosaurier Tyrannosaurus Rex.
Rex **heißt** König. Er **war** einer der größten
Fleisch fressenden Dinosaurier.
Er **hatte** viele scharfe Zähne. Welche Farbe er
hatte, **weiß** man nicht. **Denke** dir eine **aus**!
Dinosaurier **lebten** vor vielen Millionen Jahren.

Die Jahreszeiten

Im Frühling **blüht** der
Baum rosa.

Im Sommer **hat** der
Baum grüne Blätter.

Im Herbst **sind** die
Blätter braun, rot, gelb
und **fallen herunter**.

Im Winter **ist** der Baum
kahl. Ein Vogelhaus
hängt an einem Ast.

Schreibe die Antwort!

Auf dem Kopf **tragen** Damen einen _____ .

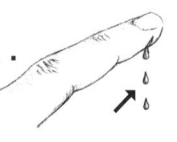

Auf der Straße **fahren** _____ .

Im Winter **trägt** man einen _____ .

Aus einer Wunde **kommt** _____ .

Auf einer Wiese **grast** ein _____ .

Ich **sitze** auf einem _____ .

Viele Bücher **stehen** in einem _____ .

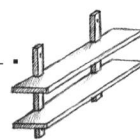

Was deine Füße alles **können**:

☐ **gehen**

☐ **rennen**

☐ **schleichen**

☐ **stampfen**

☐ **treten**

☐ **laufen**

☐ **hüpfen**

☐ **springen**

Hast du alles **angekreuzt**?

☐ ja ☐ nein

Lotte **ist** zu Hause. Sie **sitzt** am Tisch und **liest** ein Buch. Vor ihr **steht** ein Glas Apfelsaft. Über dem Tisch **hängt** eine Lampe. Auf dem Tisch **steht** eine Vase mit vier roten Blumen. Vor dem Tisch **liegt** ein blauer Teppich mit Fransen.

Schreibe die Antwort!

Auf dem See **rudert** man mit einem _____ .

In der Nacht **scheint** der _____ .

Ich **küsse** mit meinem _____ .

Im Sommer **trage** ich eine kurze _____ .

Ich **rieche** mit meiner _____ .

Eine Blume mit Dornen **heißt** _____ .

Das größte Säugetier **ist** der _____ .

Was deine Augen alles **können**:

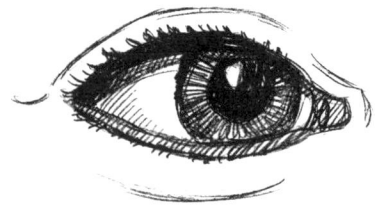 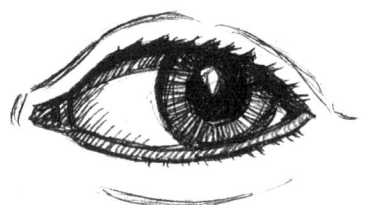

☐   **sehen**   ☐   **gucken**

☐   **starren**   ☐   **schauen**

☐   **blinzeln**   ☐   **schielen**

☐   **zwinkern**   ☐   **glotzen**

Hast du alles **angekreuzt**?

☐   ja   ☐   nein

Es **ist** Winter. Luise und Lasse **bauen** einen
Schneemann. Luise **setzt** dem Schneemann
einen schwarzen Hut auf. Lasse **drückt** eine
Mohrrübe als Nase in sein Gesicht. Dann
bekommt er noch vier schwarze Knöpfe auf
seinen Bauch gedrückt. Lasse **holt** einen
Besen und **lehnt** ihn **an** den Schneemann.
Luise **bringt** noch Steine für die Augen und
den Mund. Nun **ist** der Schneemann fertig.

Endlich **ist** es Sommer.
Luise, Lotte und Lasse **fahren** ins Freibad. Luise
kauft sich ein Eis mit drei Kugeln. Das Vanilleeis
ist gelb. Die Schokoladenkugel **ist** braun und das
Erdbeereis **ist** rot.

Was **macht** dir Spaß?

	ja	nein
Auf der Wiese Fußball **spielen**	☐	☐
Mit Freunden Fahrrad **fahren**	☐	☐
Mit Kindern zur Musik **tanzen**	☐	☐
Hunde **streicheln**	☐	☐
Dein Zimmer **aufräumen**	☐	☐
Geburtstag **feiern**	☐	☐
Ins Kino **gehen**	☐	☐
Auf einem Pferd **reiten**	☐	☐
Hausaufgaben **machen**	☐	☐

Das **ist** das Gebiss eines Kindes.

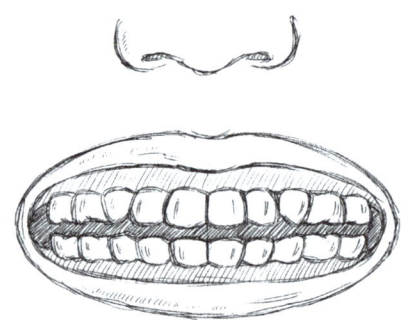

Zähle die Zähne!

Es **sind** 20 Zähne.

Die Zähne eines Kindes **nennt** man Milchzähne.
Sie **fallen** im Kindesalter **aus**. Dann **bekommt** ein
Kind bleibende Zähne.

Hast du schon einen Zahn **verloren**?

☐ ja   ☐ nein

Wenn ja, wie viele **hast** du schon **verloren**? _____

Dies **ist** das Gebiss eines Erwachsenen.

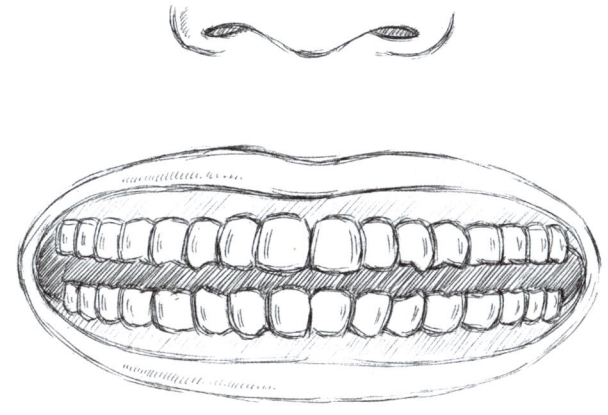

Zähle auch hier die Zähne!

Ein Erwachsener **hat** 32 Zähne.

Wenn man die Zähne gut und regelmäßig **putzt**, **halten** sie sehr lange und **sehen** schön **aus**.

Welche Farbe **hat** deine Zahnbürste?
Male sie **an**!

Ja oder nein?

Die **legt** Eier. _____ Nein _____.

Die Katze **hat** vier Pfoten. _____ J _____.

Der Puma **kann** gut **fliegen**. _____.

Der **klettert** auf Bäume. _____.

Die Giraffe **hat** lange Beine. _____.

Krokodile **leben** an Land und im Wasser. _____.

Schmetterlinge **fliegen** im Winter. _____.

Eine Schlange **hat** tausend Beine. _____.

Der **ist** so groß wie eine Maus. _____.

Der Pfau **kann** ein Rad **schlagen**. _____.

Der Adler **ist** ein großer Vogel. _____.